우리는
서로를
펼치고

유현아
권민경

우리는 서로를 펼치고

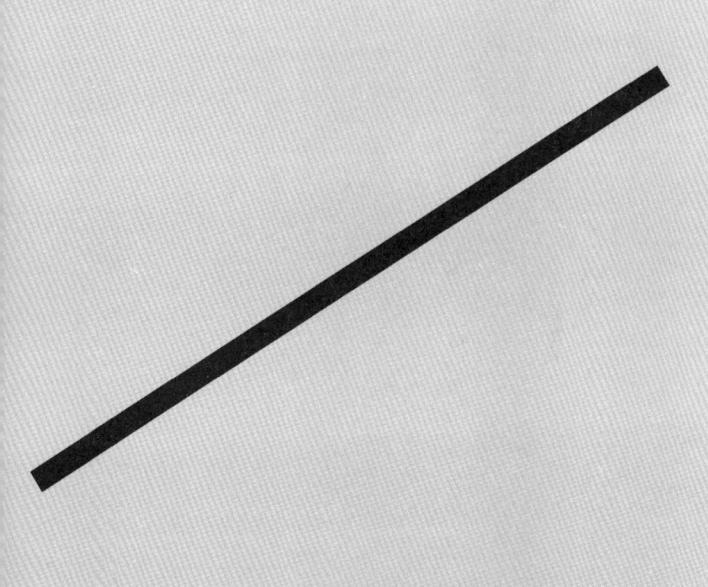

우정
시집

유현아
권민경

시인의 말		7
숲이 생기는 과정	유현아	8
숲이 생기는 과정	권민경	10
은지네 집 앞에서 만나	유현아	14
열대 저기압의 이름	권민경	16
경계를 누비는	유현아	18
경계, 선	권민경	20
언니는 술만 마시면 춤을 춘다	유현아	22
츤츤	권민경	24
'한 뼘'이라는 소식	유현아	26
오십	권민경	28
애호가	유현아	30
애호가	권민경	32
유목민	유현아	34
유목민	권민경	36
그 무엇보다 마땅한	유현아	40
유리 겔러	권민경	44
지금은 모르겠어	유현아	46
앞자리의 귀옥	권민경	48
초록마녀는 나에게 이런 쪽지를 보냈어	유현아	50

온종일 패스추리	권민경	52
전철 종점역 앞에는 편의점이 있어요 단골이 되고 싶지만	유현아	54
철학자의 편의점	권민경	56
쏟아지는 슬픔을 맞이하는 네 개의 발에 대한 명상	유현아	58
탈의실	권민경	60
가차 없는 유 부장	유현아	62
가차 없는 유 부장	권민경	64
우리 옆집에 누가 사는지 안다면 깜짝 놀랄걸	유현아	66
이명 조정	권민경	68
우리는 서로를 펼치고	유현아	70
우리는 서로를 펼치고	권민경	72
에세이 - 민경이라는 던전	유현아	74
에세이 - 우리들의 블루스	권민경	80
추천사	김상혁	87
작가 소개		90

시인의 말

이 세상 모든 언니들에게,
그리고

현아: 나의 언니들 어울림에게
민경: 언니가 될 미래들에게

숲이 생기는 과정

계절이 올 때마다 잘려 나간
나뭇가지들이 슬며시 되돌아왔다

간판이 가려질 수 있으므로
바람이 불 때마다 가지들은 잘려 나갔다

여름이 더디 가고 있었고
책방 주인은 시를 쓰고 싶어 했다

방화도 아닌데
곳곳에서 불이 났다
아주 희미한
붉은빛이었다
누군가는
노을이라고 했다

어떤 이름은
여름을 건너가는 것이 힘겨워
이름을 버리는 일이 종종 일어났다

이름들은
잘려 나간 나뭇가지 틈에서
틈을 노리고 있다

보도블록 사이
버려진 이름들을 골라내느라
나뭇가지를 사용했다

이 이름은 지난 겨울 내가 알던 이름이었다

찐득한 땀이 등을 온통 덮고 있는 시간에
자신의 이름을 줍고 있었는데
그것이 그의 이름이었는지
나뭇가지였는지
잘 모르겠다

간판은 정해진 구역에
사람의 키가 닿지 않은 곳에 있었을 뿐

이름 때문인가 여름 때문인가*
나뭇가지에서 푸른 숲들이 웅성거리면
굳건히 숲이 되고자 지탱하고 있는 나뭇가지들이
한곳으로 모여든다

---

*책방 '지구불시착' 사장님이 쓴 시의 일부

숲이 생기는 과정

물가에서 자란다

저는 시를 못 씁니다.

겨울의 버드나무

저는 말을 잘 못해요.

동지까지 파릇하고

나는 가만히 자라는 사람.

귀신을 쫓는 힘 있다

다만 나이로는 가늠할 수 없는 성장.

가끔은 귀신과 사귀고 싶을 때가 없지 않지만

우리는 영원한 소녀와 소년들을 몇 알고 있습니다.

대부분은 따뜻한 숨 곁에서 보낸다

윈디 윌로우즈는 빨강머리 앤이 살던 하숙집.

우물 옆에 심은 버드나무가 수질을 정화하듯

집보다 다정한 공간은 어디서든 자랄 수 있어요.

어떤 사람 옆에선 자주 깨끗해진다 자주 새것 된다

어린 내가 처음 읽은 <빨강머리 앤>은 일본 말을 중역한 창조사 버전.

어떤 사람의 비속어와 사투리, 특유의 말버릇은

빠진 내용도 틀린 부분도 많다지만 소중하고 다정한 목소리를 알려 주었습니다.

마음에 오래 남는 싹을 틔운다

마리라 마리리 마슈 바슈 어긋난 이름으로 처음 한 인사.

나무가 자라야 숲이 커지듯

자꾸 손을 흔드는 나뭇가지의 비유.

사람이 자라고 방이 커지고 우주가 넓어지는 동안

헌책방에서부터 자라난 버드나무를 생각합니다.

빙하기를 몇 번이나 이겨낸 말씀들

스치듯 우연히 만난 이름은 오래오래.

은지네 집 앞에서 만나

우리는 이제 어리지 않고 불가능을 알지만 서로 돕고 싶었다.*

우체국에서 뜨개질하는 남자를 바라보다가 문득
보내야 할 우편물을 보내지 못하고 나왔던

기다린다는 것이 얼마나 아픈지 너는 병원에 간다
은지네 집은 가 본 적 없다

눈 오는 날이면 은지네 집 앞은 사라지기도 하지만
언제나 은지네 집 앞에서 만나자고 약속을 한다

은지네 집 앞에는 로또명당이 있고
로또를 사려는 사람들의 줄은 돌고 돌아도 줄이다

은지네 집 앞은 눈 감고도 갈 수 있다
은지와 은지네 집 앞에서 만나는 일은 드물고

불가능을 온몸으로 감싸 안고
약속을 지키려는 은지와 같은 은지들

그러니까 기다리는 것이 그렇게 아픈 거야
그러니까 내일은 은지네 집 앞에서 만나

---

*김은지 시 「저작권이 있는 패턴」 중 일부 변용한 권민경의 시 문장

열대 저기압의 이름

우리는 이제 어리지 않고 불가능을 알지만 서로 돕고 싶었다.*

싫음과 좋음은 정확히 구분되는 게 아니에요.
환절기 같은 시절
우리는 서로 여름과 가을을 맡았다.
기단이 바뀌는 사이

믿게 되었다. 가을 태풍은
매번 다른 이름과 영혼을 갖는다.

밤을 건넌 후 오는 게 반드시
아침만은 아니다, 환절기 우리는

부정적 마음을 지우려
세차게 불어댔다.
뭐든 가능했다.

---

*김은지 시 「저작권이 있는 패턴」 중 일부 변용

경계를 누비는

퇴직한 회사의 동기를 만난 날
처음부터 정규직이었던 동기는 과장이 되어
따뜻한 커피를 사주며 넉넉한 여유를 보여주고

모욕이 난무하던 회사생활을 끝내고
굴욕이 일상적인 회사생활을 여전히

낮의 광장에서 우리는 그렇게 만났네

광장이 보이는 사무실 유리창으로
동기의 눈길은 어디를 향했던 것일까

어떤 반대의 시를 읽으려고 하는 광장에서
잠깐 외면하면 되었을 낯익은 얼굴을 마주하고

과장된 표정으로 우리의 경계를 합치려는
동기의 얼굴을 바라보는 일이란

만나자고 하지 말걸, 경계는 경계대로 놔둘걸
슬픈 이야기도 아닌걸, 눈가는 따가워지고

걷고 있는 광장은 왜 발바닥을 뜨겁게 달구는지
마주본 얼굴은 왜 빨갛게 달아오르는지

높이 솟구치는 물줄기 사이사이에선
완성되지 못한 기도들이 뛰어다니고
깔깔거리는 교란들이 뛰어다니고

확성기에서 흘러내리는 목소리는
광장의 이야기를 뛰어넘는다

 동기의 목소리는 확성기 목소리보다 거대하고
높다

 솟구치는 화들은 점점 퍼져가고 있다

 한동안 함성의 광장이었던 광장을 누비고 있었네

경계, 선

우리 동네에선 할 수 있어
한 발은 고양시에 놓고 한 발은 서울시에 놓는 것
그 중간의 어디쯤 떠 있는 것

잘 오셨다고, 혹은 잘 가시라고 쿨하게 말하는 지자체의 인사말이 섭섭할 때 있다
아직 거긴데 아직 여긴데
무 자르듯 나뉘는 기분이 아닌데
기분도 분위기도 인내가 필요하지요

그래서 경계하는 겁니다
멋대로 정을 주고 상처를 받을지 모르니
파수를 선 개처럼
자꾸 쫑긋거리고
짖으며 사람을 경계하는 거지요

타로카드의 힘 카드엔 사자와 여인이 그려져 있다
여인은 사자를 두려워하지 않고 고양이처럼 다룬다

언니들 같다

언니들이 내 턱을 긁어주면
나는 경계를 풀고 상처받는 것을 무릅쓰고
마음을 여는 것
여기에도 속하고 저기에도 속할 수 있는
더불어 어디에도 속하지 못하는
회색 마음을 한껏 펼쳐 보인다
사자인지 고양이인지 모를 생물에게 궁디팡팡

그런 시간 보내다
고양 반 서울 반인 집으로 돌아가면
나는 세상 모든 외곽과 경계선과
경계하는 마음과 경계근무
짬뽕된 경계들 속에
언니들의 조련을 생각한다
나도 기필코
한두 명 정도는 턱을 긁고야 말리니
신체접촉 없이도 궁디팡팡을 행하리니

힘 카드의 의미는 외유내강
부드러운 힘이 승리한다.

언니는 술만 마시면 춤을 춘다

4월이었다가
5월이었다가
6월이었다가

태어난 달이 언제인지 모르는 언니에게
내년이 되면 다시 생일을 알려줘야 하는 언니에게

오늘은 눈처럼 보슬보슬 비가 왔어요
언니와 미래 사이에서 자주 오는 계절

자잘하게 절망하는 언니와
고통이 악이라고 소리치는 언니와
함께 생일은 또 달을 넘기고

언니는 학교에서 돌아오자마자 동생을 업고 골목을 돌아요 저녁이 되면 동생들에게 밥을 먹여요 틈틈이 동생들 숙제를 해주고요 울음을 왕창 토해내는 동생을 안아줘요 양보를 잘하고 누구에게나 친절해요 꽃이 잔뜩 그려진 티셔츠를 좋아해요 잃어버린 동생을 찾다 교통사고를 당했는데 아무도 몰라요 허리가

아프면 그러려니 하고 머리가 아프면 두통약을 먹어요 너무나 씩씩해서 부러운 언니(언니는 일기를 쓰지 않았고 내 일기장엔 언니로 가득차 있어요)

   언니는 술만 마시면 춤을 춘다
   사랑한다고 외치며 춤을 춘다

   생일은 잊지만 모든 꽃 이름을 안다(고 믿는다)
   머릿속에 꽃들이 가득하여 병원에 다닌다

   꽃 이름이 하나씩 사라질 때마다 눈이 내렸으면 좋겠어
   약봉지를 하나씩 뜯으며 생일이 돌아오기를 기다린다

   오늘은 눈물처럼 보슬보슬 눈이 왔어요
   계절은 가을이었다가 겨울이었다가

   저기
   미래의 계절처럼 사랑한다고 외친다
   춤을 추면서 달려오는 언니가 환하다

츤츤*
-유현아, 안현미에게

가장 다정한 사람은 어째서 마음을 숨기는가?
다정함도 병이라더니 마음을 데이고 제 안으로 숨어든 경험 때문?

있지, 우리는 누구나 눈물 흘리고
눈물 속인지도 모르는 채 헤엄쳐 간다

지느러미도 부레도 없이 마구잡이로
간다

언니들은 강하고
언니들은 츤츤댄다
아무한테나 곁을 안 주면서
곁이 아닌 먼 곳에서의 help
반응도 빠르다

그 거리
거리를 좁히려면

단순해질 수밖에 없다

똑같이 츤츤대더라도
안에 시커먼 게 없어야…

언니들은 그런 취향이다

솔직하지 못한 자신을 인정하지 않고
마구잡이로 다정하다
눈물을 헤엄친다

---

*일본어 츤데레에서 유래한 말로, 마음과 달리 툭툭대거나 싫은 척한다는 뜻.

'한 뼘'이라는 소식

원룸에 사는 친구가 벼를 키운다며 사진을 보내왔습니다.

작년에 자라지 않던 벼가 올해는 쑥쑥 자라
낟알이 열렸다고 초록이 가득한 벼를 찍어 보냈습니다.

말도 없고 행동도 없는 친구는
벼가 자라는 만큼 딱 그만큼 자라고 있다고 했습니다.

가만히 들여다보는 눈과 쪼그려 앉아 낟알을 세는
그의 마음과 벼의 마음을 들여다봅니다.

말갈기를 부여잡고 사막을 달리는 사람을
챙모자를 깊이 눌러쓰고 쭉정이 뽑는 사람을
자라지 않은 벼와 자란 벼를 비교하며 지나간 함성을
생각할 것입니다.

솜털처럼 가벼운 벼들의 흔들림과
흔들리지 않으려는 친구의 흔들림을
원룸 작은 창문을 뚫고
구름의 한쪽 귀퉁이를 자르고
달아나는 상상을 해 봅니다.

볕이 들지 않는 원룸에서
한 뼘의 벼들과 함께

친구의 슬픔이 느리게 올라오고 있습니다.

오십

오십까지 살 줄 몰랐다는 말을 듣고
백 세 시대에 무슨 말이냐고 했지만
다들 나이를 가늠하지 못하고 산다

나의 오십도 금방이겠거니 한다

죽지 않고 살아 있으면 생일이 온다
죽어도 생일은 오지만
죽은 사람의 생일은 챙기는 게 아니라고 한다
…그냥 마음대로 하련다
미신을 믿으며
미신을 배신하며
미지의 영역으로 나아가고 있다
삶이라고 본다

우리는 우연히 친구가 되었고 살아 있으면 때때로 친구가 생기기도 한다
맑고 때때로 흐린 날씨처럼 불쑥
다가오는 사람들 스콜처럼 반짝

친구가 생기는 게 별일이냐고 한다면
나한테는 별일
별로 없는 일

친구가 별로 없다고 말하고 다녔는데 그 말은 이제 안 하기로 했다
친구의 범주에 들어가지 못한 사람이 충격받았다 해서
하지만 겨우 내 친구 자리 따위 탐낼 건 뭐니

우리는 친구이며
띠동갑이니
중간 정도에서 만나자

그럼 공평하다

애호가
-2024년 8월 15일 베짱이 도서관

얼음을 유리잔에 가득히 채우는 시간
우리의 열기는 한없이 올라갈 수 있으므로

다정하고 아름다운 사람에게도 주눅은 붙어 있더라

알록달록한 여름의 울울창창 때문에
눈물이 그토록 영롱했을까

이름표는 붙어 있지 않았지만
그림책 사이 소설책 사이 시집 사이에
이름들이 대롱대롱
하나씩 떼어다 곁에 두면
의자와 의자 사이사이로 더듬거리며
낱말들이 일렬로 돌아다닐 수 있어

시가 노래를
시가 희망을
시가 혁명을

불러일으킬 수는 없어 다만,

여름을 버티고자 창문을 기웃거리는 안간힘들
누군가의 미래는 어쩌면 눈물알갱이들이 모여
초록의 시간을 물들이고 있는걸

한 달이 지나면 어김없이 도착하는 어떤 마음이
퍼지는

애호가
-2024년 8월 31일 베짱이 도서관

때문에 시가 있는 거겠지 인생에 주석을 달겠다는 듯
감히 옮길 수 없는 것을 설명하겠다는 듯

떨리는 목소리와 늦여름 볕
속이 투명하게 비춰 보이는 유리 사람들
나란히 앉은 방 안 모두 깨지기 쉬워 조심스러운데

사실 어딘가에서 이미 깨져 온 터라

빛이 산란된다

유리 언니, 언니랑 10년을 넘게 알았는데
새로 사귄다 유리 친구들 사귀고 유리인 내 너머의 이상형
갓 만난 사랑과 영원히 이별할 거처럼 운다

사진과 영상으로 전할 수 없는 분위기
그걸 설명하는 건 사소하고 거대하다

눈물과 별, 유리, 일군의 투명한 것이 모이면 퍽 감상적 주석이 달린다
그래도 어쩔 건데 한자리에 앉아 있었던 날을
내가, 당신이 쓰는 순간 팩트가 되어 버리는 거대하고 사소한

유리는 유리가 조심스럽다
그래도 이왕 깨졌다면 단면 프리즘쯤 뽐낼 줄 안다
우리는 우리가 조심스럽고

어쩜, 때에 맞춘 첼로 소리

멀리 새들도 울었지만

유목민

"말들의 말은 들리지가 않아."
"우리더러 뛰라고 하는 거야, 뭐야?"

수군덕대는 소리가 바닥에 가라앉을 때
유목민은 우리를 다그친다

이제 뒤뚱뒤뚱 걷는 것이 전부인 우리는
멋진 갈기를 찰랑거리며 죽도록 달리는 척한다

말들이 실타래처럼 엉켜 웅웅 소리만 떠다닌다
현실만 얘기하면 미래가 없다고 하는 유목민은

할 수 있는 건 땅속으로 처박히는 방법밖에 모르는데
알아들을 수 없던 말들을 여기저기서 주워 담는다

그날 반짝이는 날개를 파닥거리며 뒤뚱이던 첫 질문에
아무도 응답해 주지 않았다는 사실만이 기록에 남았다

흔들어 대는 상자에 들어와 있는 것처럼 멀미가
났다
　추운 겨울 처음으로 립밤을 발랐다며 활짝 웃던

　선배는 유목민이 아니라 유목인이었다

유목민

나는 아는 유목민이 한 명도 없는데
유목민에게서 메일이 왔다
열어보니 송 선배였다

선배는 어째 닉네임도 그렇게 짠합니까, 물론
유목민은 짠한 존재가 아니다 삶의 종류일 뿐

그렇지만 쓸쓸한 건 현대의, 한국의, 서울의 유목민
탈 말도, 몰 소도 없이 걷기
풀도 없는 곳을 따라
가끔은 근린공원 어린이 공원 온갖 초록의 이름을 한 공터들
그런 데라면 쉴 틈이 있을까

삶이란 참 고통이에요
내가 건방진 말을 늘어놓으면
선배는 그걸 주섬주섬 배낭에 넣고 어디론가 떠난다
아마 텐트를 칠 수도 있다

송은 텐트 마니아니까

행복과 열정과 뜨거운 마음 고양감
어쩌면 분노와 책임감일 수도 있을
누군가는 도파민 중독 아니냐고 물을
걷기

들판을 넘어 들판으로 풀 없는 벌판으로 때론 광장으로
가는 사람 갈 수밖에 없는 사람들

수술 자리가 쑤시는 건 보습을 하지 않아서도 있대
흉터가 넘쳐나서 몸의 자국 따위 개의치 않던 나는 그제야 상처 크림을 꺼내 들고
삶의 구질구질함 꽤 까다로운 내 피부
따위를 생각한다
수술은 귀찮음을 둘러댈 좋은 핑계 그래도 앞으로 더 안 하길 바란다

그러니까 선배
앞으론 다시는 굶지 마시고, 굶어야 하는 세상이 아니면 더욱 좋겠지만, 아무튼 단식 같은 거 하지 마시고 그동안 안 했던 사람 중에서 하라고 하세요. 아셨죠?

유목민은 염소며 소의 젖을 잘 다루고 어쩐지 상처나 보습에 좋은 약도 알 것 같다

　　내가 가진 유목민에 대한 모든 지레짐작
　　그에 딸린 건방진 말들이 만든
　　먼지구름 모두 몰아 그의 가방에 구겨 넣는다

　　말린 고기는 잘 씹으시고요, 선배 아셨죠?

그 무엇보다 마땅한
-솔지의 재영에게 재영의 솔지에게

회사 동료로 만나 그렇게 싸우고도 서로 가장 많은 시간을 함께한 사람은 아마 재영과 저일 것입니다

그리고 오늘, 모든 언어는 재영과 솔지를 향해 있습니다

나는 화가 많은데 누구보다 잘 듣는 사람 재영 때문이라고 주장합니다

도대체 왜 언제나 화를 안 내는 것입니까

솔지가 이 사실을 알고 있다면 분명 어깻죽지에 보이지 않는 날개가 자라고 있을 것입니다

나는 자주 불안한데 누구보다 다정한 사람 재영 때문이라고 주장합니다

무조건 환하게 웃는 사람과 함께 일할 수 있습니까

솔지가 이 사실을 알고 있다면 분명 어딘가에서 가슴을 치고 있을 것입니다

나는 자주 형식적이 되는데 누구보다 눈물과 한

숨이 많은 재영 때문이라고 주장합니다

   재영은 따뜻하고, 사랑하고, 아름답고, 희망을 바라봅니다

   재영의 눈물과 한숨은 부정이 아니라 긍정의 언어입니다

   재영은 함께하는, 살아 있는, 모든 것에게 진지합니다

   아픔의 곁에서 충분히 아파할 줄 아는 사람입니다

그래서 재미없지만 그럼으로써 구체적입니다

그 중심에는 재영의 솔지가 있다는 걸 압니다

   오늘의 모든 말은 그러니까, 재영에게 많이 쏠릴 것입니다

   솔지의 재영은 그러니까, 무엇보다 마땅한 사람입니다

   언젠가 시 쓰라고 원고지 모양의 메모지를 준 기억이 있습니다

   기억합니까

재영이 시를 잘 쓰고 싶다는 걸 압니다

시를 안 쓰는 게 얼마나 다행인지 모릅니다

재영은 분명 훌륭한 시인이 되었을 것입니다

그 메모지 어디 있을까요

어디에선가 먼지가 돼 가고 있다는 걸 상상하는 순간 나의 입꼬리는 올라가고 있습니다

언어를 그러모아 이미지로 변환시키는 작업을 좋아하는 재영을 용서해 주세요
그의 저장창고는 계속 늘어날 것이고
그는 마땅하므로 가끔, 아니 자주 답답할 것입니다
하지만
그의 곁에는 솔지가 독립적으로 마땅히 서 있을 것입니다

마땅한 사람 강재영과
마땅한 사랑 김솔지는
서로에게 마땅하고 극적인 순간에도 마땅할 것입니다

포개는 사람 강재영과
포갤 수 있는 사람 김솔지는
그 누구보다 높지도 않고 낮지도 않습니다

그 무엇보다 마땅한 재영과 솔지는
지금이 바닥이라도 삶의 한쪽 편으로 나아가고 있다는 것을

낮음으로 높고 높음으로 먼 곳을 바라보는 각자의 꿈이 될 것입니다

유리 겔러

에스프레소를 시킨 당신은
티스푼으로 설탕을 넣습니다
굳이 쓴 커피를 찾을 필요는 없었습니다
어째서 그 숟가락은 계속 움직이는 겁니까
부러지지도 않고

나는 설탕을 넣지 않습니다 넣지 않아요
숟가락을 빨고서
얼굴을 이리저리 비춰 봅니다
뒤집어진 내가 자꾸 기웃거리는 게
영 성가십니다
세상은 왜 이토록 마술적인 걸까요
나는 뒤집히고 싶은 마음이 없었는데요

설탕은 얼마든지 있고 쓰거나 단 입맛
믿고 싶은 것만 믿습니다
나의 왜곡 능력
스푼을 구부리는
그것은 사랑의 힘입니까
혹은 초능력입니다

지금은 모르겠어

연락이 끊어진 친구의 문자를 받았습니다
그는 일상적인 나의 안부를 물었습니다

저장되지 않은 번호에서 흘러나오는 그의 목소리는
드라이아이스처럼 차고 건조했지만
뚝뚝 끊어지는 슬픔이 묻어 있습니다

탄원서를 써달라 부탁합니다
그와 나는 그 정도로 친하지 않은데 슬픈 문장을 요구합니다
자신의 구질구질한 삶과 딸린 식구들을 줄줄이 읊습니다

비문처럼 들리는 그의 삶은 귓속으로 들어가지 못한 채 웅웅거립니다
가장이며 아들이며 화물차 운전 노동자인 그에게 탄원서는
하늘에서 떨어진 벼락입니다

교통사고를 낸 그에게 교통사고 수습보다 더 큰 절망은
 탄원서를 써 달라는 부탁이었던 것입니다

 탄원서를 쓰면서 문장과 문장 사이의
 끝이 보이지 않는 끝의 단어들을 읽습니다

 이 탄원서는 도착하지 않을 수도 있습니다
 눈물층이 불안하기 때문인지도 모르겠습니다

앞자리의 귀옥

고2 시험 기간 귀옥이가 아이들을 모아 공부를 가르쳤다 벼락치기 가능한 암기 과목 나도 귀옥이의 부름을 받아 족집게 국사 수업을 들었다 답안지를 채점해 보니 내 점수가 귀옥이 점수보다 높았다 귀옥이가 그때 무슨 생각을 했는지 알 수 없지만

고맙다 귀옥아 나는 국사 외에 공부를 전혀 안 했으므로 내 내신 점수가 몇 점 높아져 우리의 인생이 바뀐 것은 없다 다만 공부를 지지리도 안 했던 인생, 그럼에도 내 머리의 비상함을 믿고 살았던 어린 시절 그런 것을 구성하는 한 조각 추억을 주었다

너의 호의는 결국 약 30년이 지난 후까지 살아 여기 남는다

남아 있는 것들이 다 의미 있진 않지만

사소한 호의를 징검다리 삼아 여기까지 왔다 불쌍한 나에게 취할 때도 있지만 타인의 호의에 대해 생각할 때도 있지 생각 없이 던져 준 남의 사랑을 뜯고 보고 맛보며 결국 오늘날까지

신귀옥아 복 받아라
건강하고
가정이 있든 없든 아이가 있든 없든 살아 있든 죽었든
모든 복을 받아라

전 과목 빵점 맞더라도 괜찮다는 걸 아는 나이가 되었으나 아이들의 세상에선 1점이 귀했다는 것도 아니까
내가 빌려준 이토 준지 만화조차 무섭다고 울던 귀옥이 착하고 성실한 바보야 내가 머리만은 좋은 내게 취해 있었던 것처럼 네가 이타심에 취했을지라도
세상엔 점수로 환산할 수 없는 사랑 있다
오늘은 너무 추운 날 너에게 포근한 무형의 수면양말을 신겨 본다

초록마녀는 나에게 이런 쪽지를 보냈어

별을 노래하고 바람을 이야기하고 싶었어.
풀을 사랑하고 날아다니는 것들에 대해 연주하고 싶었어.
하지만 도시에 산다는 것은 그럴 수 없다는 걸 알아.

난 초록마녀가 되고 싶었어.

오래전 수업 시간에 갑자기 엉엉 울어 버린 적이 있었어.
지금은 생각나지 않지만 그땐 그 이유가 아주 중요한 문제였지.
갑자기 울어 버린 통에 선생님께 불려 갔어.

"시간이 지나면 저절로 사라져. 너무 슬퍼하지 마라."
선생님이 해 준 위로 때문에 더 서러운 하루였지.

다음 날 내 책상 서랍 속에 쪽지 하나가 들어 있었어.

"난 너와 친구가 되고 싶었어."

내가 먼저 말 걸어 주지 않아 나와 같은 마음을 가지고 있던
초록마녀라고 했어.

초록마녀는 소리 닦는 일을 해.
웅덩이에 가득한 슬픔의 소리를 조금씩 떠서 반짝거리는 소리를 만들기도 해.
그림책 속으로 쏙 숨어 버리면 따듯한 김이 폴폴 날리는 소리가 나오기도 해.
키득키득 웃다가 모자가 벗겨지면 어쩔 줄 몰라 달아나 버리기도 하지.

나한테만 보여서 설명할 수 없지만
기억의 발걸음을 옮기다 보면 노래를 찾아가는 초록마녀가 있어.
존재하지 않는 눈물을 따라가다 보면
쪽지를 건네주는 힘 센 초록마녀를 본 적이 있을걸.

문을 열면서 '호록마녀'가 나오는 그림책을 찾는 사람이 있을 거야.
그러면 너의 소리를 쪽지에 적어 들려줘,
분명 초록마녀일 거야.

온종일 패스추리

층층이 누가 살고 있는 패스추리
빨래를 너는 사람
담배 태우는 모습
패스추리 뚝 잘라 낸 단면
빠개진 개미집을 구경하는 호기심

잠이 오지 않아 자연의 소리를 듣는 밤
무서워 할머니는 돌아가시기 며칠 전부터 주무시지 않았어 탄내를 풍기며 눈이 빨개지도록 헛소리했어
내가 하는 소리도 죽은 말일까 봐 여러 겹의 패스추리를 생각한다

돋보기는 사절
작은 사람들을 태울 수 있다
그들은 자신도 모르는 사이 불타고
어리둥절한 고통 속에서 마지막으로 찾는 이름은?

패스추리
환각 상태의 할머니가 뱉은 말은
돈 떼어먹은 딸에 대한 저주지만

계모 돈은 떼먹어 마땅하지
그런 종류의 복수를 알고 있다
왜 새엄마란 말은 있는데 새딸이란 말은 없을까?
패스추리란 말을 처음 발음한 외국인
알고 있을지도 모르는
입가에서 부서지는
말이거나
패스추리

빨래를 너는 할머니
담배를 태우는 새딸
한국말을 배우는 외국인과
아직 들여다보지 못한 위층에
태어나지 않을 나의 딸
멀고 가까운 혈족들의 구질구질한 삶과
그들을 무시하고 행복하려 헛지랄 중인 나
사이의 패스추리

뚝 잘라
대접할 나의 단면
탄내 나는 조상들과 충혈된 전생
층층이 굼실거리는
으스러뜨리고 싶은
패스, 추리

전철 종점역 앞에는 편의점이 있어요
단골이 되고 싶지만

빙판이 우려된다는 안전안내문자를 받았다
입춘첩을 보내 준다는 문자를 받았다
대출 안내 광고 문자를 받았다

종점에서 출발하는 전철을 탔는데 너뿐이었다
 반대편에 도착한 전철에서 사람들이 끊임없이 쏟아진다
 높이가 다른 손잡이들이 흔들거리고 있다

발품을 판다는 것은 너만이 할 수 있는 반대의 일
 계약 기간이 끝난 방은 안개가 되어 선명하게 사라진다
 보증금은 그대로이고
 2년 동안 뭐 했니
 같은 크기의 방들은 같은 월세로 계약하기 힘들어
 옥탑방이라고 하지 않고 기어코 5층 방이라고 조용히
 우기는 중개업자는 아우디를 타고 희미하게 사라진다

2년의 짐들은 다섯 개 박스로도 충분해
오래전 살았던 집은 이제 너의 키만큼 기울어 있고
높이가 다른 집들을 멀리서 바라보는 일이란
서걱거리는 모래알을 한 움큼 입에 무는 일

오래 기억하려고 사진을 찍지만 다시 보고 싶지는 않아
저기 서서 울어봐, 그럼 이상하잖아*

누군가는 짐을 챙겨 다른 곳으로 이주를 준비 중이다
입춘이었다
눈이 내렸다

창을 열면 전철이 지나다니는 옥상들이 즐비하다
너는 출근을 위해 올라가고 퇴근을 위해 내려간다

---

*김현 소설 『고유한 형태』 속 문장

철학자의 편의점

약속이 있을 때 며칠 전부터 몸부림을 치지
유일하게 외출이 기꺼운 시간은
새벽 세 시 반 출출한 배로 편의점 갈 때

그때의 외출은 단순하지 않지
마치 편의점 대탐험

나는 오늘의 삶이 덤인지
이 새벽이 덤인지
아니면 늦게 일어난 하루
잉여의 오후가 덤인지
자꾸 헷갈리는데

 바슐라르가 이 투명한 공기와 꿈에 대해 좋은 말 많이 해 줬는데
 그걸 다 까먹고
 아무튼 좋다는 걸 거야, 시원한데 행인마저 드문 기쁨
 그런 걸 먼 나라 선조들도 알았던 거야
 발터 벤야민도 거들었다

밤의 산책자라면 모두 공감할 기꺼운 마음으로
편의점 간다
1+1
덤으로 주는 것을 찾으며

하루의 시작은 정오가 아니다.
물론 자정도 아니기에
애매하고 서늘하고 조용한 날
시작이기도 끝이기도 한 시간
역마살 든 탐험가처럼 밖을 나선다

쏟아지는 슬픔을 맞이하는 네 개의 발에 대한 명상
-그림 그리는 산호에게

밤이 되고 도시의 불빛이 일렁이는 따뜻한 그림이 있어요. 사람과 고양이가 함께 노는데 그건 자세히 보아야 볼 수 있죠. 우리 집 현관문에는 최산호의 그림이 붙어 있어요. 마치 슬픔이 붙어 있는 것처럼.

겨울을 기다려요. 눈을 기다려요.

만나러 가는 길이 차곡차곡 쌓여 하나의 그림책이 된 그림을 읽었어요.

하강
기다리는 시간이 어마어마한 시간이었을 거예요.

깊고 깊은 심연에서 빛 쪽으로 내려간 네 발을 들여다봅니다. 눈을 질끈 감아요. 이쪽에서 저쪽으로 향하는 눈빛을 따라 발을 옮겨 봅니다. 기다리는 그를 생각해 봅니다.

걷다 흘깃 보면 함께 걷고 있는 것은 흔들리는 마음이겠죠. 움직이는 것보다는 멈추는 것이 더 쉬울 수 있는 그곳에서 등을 보이며 초록이 가득한 세상을 외면하려는 네 발을 생각해 봅니다.

밀크티를 마시러 가는 길목에서 한참을 서성이면서 보고 있는 것은 무엇일까요? 귀퉁이와 귀퉁이 사이 앞치마를 두른 희미한 움직임을 봅니다. 그것이 슬픔이라고 말하고 싶지만, 결국 너를 만나러 가는 길이었다고 말할 것입니다.

부디 '우리'
'나'와 헤어지지 말아요.
겨우 옮기는 네 개의 발을 쓰다듬어 보아요. 슬픔이 가득한 우리 집 현관문 앞에서 빛들이 반짝이며 쏟아질 수도 있음을

'너'는 아마 '나'이지 않을까요?

어흥!

탈의실

등의 지퍼를 열면 밤과 낮이 갈리고
들리지 않는 리듬으로 하늘은 돌지
낡은 몸을 벗어놓고 멀리 가고 싶어
새 몸이 닳을 때까지 맴돌고 싶어

늘어서 있는 문
아무 칸이나 벌컥 여는 오늘
이번 생을 머리 위로 뒤집어 벗으면
벌거벗은 새빨간 몸이 드러나지
가죽 없는 꿈을 끌어안으면
상처에 새살이 돋네
딱지 앉은 곳마다 솟아나는 팔다리
바람을 헤집고 수레바퀴처럼 돌아가네
수백의 다리가 맨땅을 밟아 새 길을 내네
길을 달리던 몸이 커다란 새처럼 떠오르지
하늘까지 이어지는 지도를 따라
내 뒤를 쫓는 별들과 누군가에게 불리는 모든 종류의 이름
밤과 밤 사이 손가락과 손가락 사이에서 태어난 작은 얼굴들

얼굴은 포옹을 벗고 멀리 가고 싶지
멀리 외출해서 낯선 목소리로 불리고
새로운 표정 짓고파
그 여러 개의 몸뚱이가 사랑스러워서
오래오래 거울에 비추고 싶지

가차 없는 유 부장

단호한 그의 언어 속에서 어떤 향이 난다면
옆 사람에게 가차 없는 대답을 요구하려는 표식일 수도 있다

유 부장에게 어떤 조언을 하고 싶나요
그렇다면 당신부터 정신 단단히 부여잡고 선빵을 날려야 합니다

유 부장이 유 사원에서 유 과장에서 유 부장으로 가차 없이 올라갈 동안
나는 유 사원에서 유 주임에서 유 팀장에서 유 사원으로 가차 없이 내려갔다

회사원은
앞으로만 가면 되는데
시인은
뒤로 때론 옆으로만 가기를 선호해

나는 서울에서 태어났고 유 부장은 옥천에서 태어났다

일방적인 도시와 일방적인 사람 사이에서
시인들이 가차 없이 사라질 때

민경이는 유씨 성을 가진 우리를 보며 깔깔 웃는다

탈탈 털어도 나올 것이 없는 유씨 성을 가진 우리는
서로의 일방통행을 지지하지만

앞으로는 갈 수 있고 앞으로 오는 차는 볼 수 없는
일방통행 길로만 이루어진 그런 동네에서
서로의 가차 없음을 향해 가차 없이 손뼉을 친다

가차 없는 유 부장

주변에 유씨 성인 사람들이 많다는 걸 깨달았다
아마 내가 버드나무를 끌어들이나 보지
내 친구 유씨들이 모두 버들 류 자를 쓰는지 검증하지 않았다
때론 오해와 미확인 속에서 현실의 제약을 벗어난다 팩트 확인은 손쉽지만 가끔 모른 척하는 것도 필요하다 어쨌든
물과 나무를 모두 품은 그들

나는 유씨들이 서로를 놀리는 걸 보는 게 좋다
서로의 사소한 단점을 이겨 내며
혀를 날름거리는 약 올림에도 서로 교류하는 까닭을 짐작해 본다

조금씩 다른 성질과 단호함을 품고 버드나무처럼 손 흔드는 다정함을 품은 사람 어떤 사람은 유연한 사고 또 다른 자는 잎사귀만큼 많은 지식을 갖고 있다

그들이 일종의 애정을 품고 서로를 비난할 때

가차 없다고
왜 그렇게 하냐고
깔깔 꼴꼴 웃으면서 비난할 때

말들이 바람에 스쳐 소리를 낸다 가지를 흔드는 바람처럼

싫으면 싫다고 좋으면 좋다고 말할 수 있는 믿음

그리하여 나는 이 가차 없는 유 부장을 써 놓고
같은 제목이지만 완전히 다를 내용일 또 다른 가차 없는 유 부장을 기다리는 것인데

그건 유씨 성인 사람을 많이 아는 자가 누리는 호사이다

우리 옆집에 누가 사는지 안다면 깜짝 놀랄걸

눈을 감았다 뜨면 말이죠 옆집이 나타나요 옆집은 나타났다 사라지길 반복하죠 내가 이동하는 것인지 옆집이 이동하는 것인지 잘 모르겠지만요
아무튼
아이스크림을 물고 삼선슬리퍼를 끌고 옆집으로 가려고 하면 어느새 옆집은 사라져요 옆집이지만 옆집에 없을 때가 더 많아요 물컹거리는 구름 사이에 가끔 화살표 모양으로 흔적이 보여도 그것이 옆집인지 장담할 수 없어요

백만 년만큼의 슬픔이 가득할 때 어느새 옆집으로 나타나는 옆집은 말이죠

사라지면서 나타나는 어떤 환호성
살아지면서 사라지는 어떤 그을음

그리운 파충류 시대에는 이빨의 진화가 극심했다지요
옆집으로 이사 온 옆집은 엄청나게 큰 도마뱀이거

든요
　메갈로사우르스라는 이름의 처음은 아마도 옆집이지 않을까요

　내가 캐스터네츠를 양손으로 연주하는 순간
　진화하지 않은 이빨들의 노동이 소리를 복원하고
　딱딱한 음들이 옆집을 지켜 주고

　온기 가득한 이빨로 소리를 만들고 양팔을 다독이죠
　우리 옆집은 있다가도 있고 없다가도 있고
　무뚝뚝하고 어지럽게 쿵쾅거리는
　마음 한 켠에 극심한 흔들림을 간직하고 있다면

　"여기 옆집이 있어요!"

　그러니까, 당신, 당장, 옆집으로 오세요

이명 조정

내 몸은 시끄럽죠
귀가 잠든 새벽에도
꺼지지 않는 비프음
외로운 한 줄기 소음만 남아서
내 전 생애와 다음 숨을 돌아보거나
돌아보다가 미치게 해요
아무리 시선을 돌려도
내 채널에선 오래된 삐-

  짝짓는 홍학, 헛짚는 다리, 무너지는 다리 위, 노동자들의 시위 -채널을 돌려도- 짝짓는 부리, 확인 못 한 야한 장면, 스쳐 가는 미확인 물체, 입을 벌리는 상어 -채널을 돌리면- 짱구 춤을 추는 짱구, 벌칙 춤을 추는 개그맨, 이미 끝난 베드신, 풀죽은 개그맨 -돌아가는 화면- 몰락한 정치가가 쇼 프로를 진행하고, 레이싱 게임에 열중한 게이머, 프로게이머, 차 사고, 활활 타오르며 걸어오는 사람 -뛰어가는 채널- 사랑하는 모습, 몰락하는 모습, 죽은 개그맨, 입을 벌리는 시위, 노동자들의 상어, 타오르는 정치가, 오래된 게임에 열중한 홍학을

배경으로 들려오는
비프음 비프음 비프음

속에 예고 없이 켜지는 목소리
순식간에 터져 나오는 자글자글한 음성
고속카메라는 나를 되감고 풀고
남자였다가 여자였다가 동물이거나 사람이거나
시위하거나 사랑하는
내 내장에서 울컥 올라오는 다정한 기척

나는 시끄러운 조상님들 개그를 듣고
내가 잉태되는 순간을 단막극으로 즐기다
펑펑 웃는 거죠
세상의 모든 엔지니어들이 잠들 때까지
세상 모든 동식물이 재가 될 때까지

우리는 서로를 펼치고

슬퍼지는 게 문제지

월급이 지연된다는 공문을 받았다는
사무실에서 일하고 있는 너에게
슈퍼마켓에서 배추 한 통 살 수 없는
흐린 눈으로 돌아섰다는 너에게

어떤 펼칠 수 없는 정체에 관해 이야기하고 싶다

재춘 언니*는 공장에서 쫓겨나
그림을 그리고 연극하고 노래 부르고 춤을 춘다
밥을 짓고 청소를 하고 빨래를 하고 발톱을 깎는다

사랑의 본질은 뒤섞임에 있다고 생각해
흰색과 회색이란 구분이 불가능한 희망 없음에 있고
확실한 내일이 없다는 것이 그중 제일이지

나는 왜 도망가지 않았나
나는 왜 천막에 남아 있나

슬퍼지려 하기 전에 웃음으로 때우려는 사람에 대해

사실 알고 보면 미래란 물웅덩이 속 나무를 바라보는 일

오, 오, 오필리어
대사는 잊었지만
여전히
기억에서 웅성거리는

해마다 우리에게 필요한 건 더없는 곁이라고
믿는 너에게
하지만
더욱 슬퍼지는 게 문제지

---

*<재춘언니> 이수정 감독, 다큐멘터리, 한국, 97분, 2020년

우리는 서로를 펼치고

주민들이 기지를 발휘해 투신하는 사람을 구했다

이불을 펼치면 많은 걸 담을 수 있다

겨울밤의 솜이불 어디든 갈 수 있던 상상의 무대

이불은 무한한 가능성

우주 우주는 자꾸만 펼쳐지고 접힐 줄을 모르고

언젠가 구겨질 테지만 그땐 내가 없으니 알 바 아니다

뛸 수 있을 때 최대한 멀리 가기

이불을 털다 추락한 주부의 소식도 듣지만

익숙해지지 않는 슬픔

우리가 모두 죽는다는 사실, 운명공동체이기 때문

우주도, 우주도야! 운명공동체야!

우주는 여기 있어. 엄마는 집에 갈 거야.

집엔 늘 따뜻한 이불이 깔려 있고 그 위엔 고양이

언니와 각자 무거운 이불의 귀퉁이를 잡고 맞대던

개켜진 어린 기억

삶의 끝자락이 서로 닿아 있다

고양이 엉덩이 팡팡 때리기

우리는 서로의 우주를 잡고 포개며 시간을 보낸다

우리가 우리가 되는 세계

가능성을 덮고

에세이

민경이라는 던전[*]

– 유현아

    시인이 되기 전 민경을 나는 모른다. 물어보지도 않았으며 어떤 생각으로 시를 썼는지 시 이전에 무엇을 했는지 그전의 민경을 아는 것이 나에게 어떤 의미도 없을 거라는 가련한 착각으로 나는 여전히 지금의 민경만을 안다. 내가 만약 권민경 시인을 알기 이전의 역사를 안다면 그것은 그의 산문집을 읽은 덕분이다. 고양에서 오래 살았다는 것, 부모님이 중국집을 하셨다는 것, 미술학원을 다니고, 미술대학에 들어갔지만 그만두고 문예창작과에 들어갔고, 첫 시집이 또래 시인보다 좀 늦게 나왔고, 오래 연애하고 그 사람과 살고 있고, 그 사람을 안사람이라고 부르며 함께 글을 쓰는 동지라는 것 따위들 말이다. 특

---
[*] 주로 온라인 게임에서, 몬스터들이 모여 있는 소굴

히, 덕질의 최전선에 있는 시인이라는 것. 민경은 내 앞에서 그 어떤 절망도, 슬픔도, 가여움도 드러내지 않는다. 그저 쿨하게 씩씩하게 이야기한다. 여러 방면으로 덕질을 한다. 게임이 될 수도, 영화가 될 수도, 만화책이 될 수도, 사람이 될 수도 있겠다. 민경의 인스타그램에서는 적당한 친구들이 등장한다. 친구들은 되돌이표처럼 어느 때고 나타났다 사라지고 함께하고 웃는다.

민경의 삶을 텍스트로만 아는 나로서는 서른이 되기 전 민경에게 무슨 일이 있었는지 알지 못한다. 민경은 시인이 되어서 산 것일까. 아니 시인이 아니었어도 살았을까.

언제부터 친구가 되었는지 모르는데 민경은 시도 때도 없는 내 부름에 답했다. 나는 시 쓰는 사람보다는 일하는 사람에 더 가깝다. 시 잘 쓰는 시인을 좋아하고 부러워하고 질투한다. 자존감이 한없이 높아 보이는 그들을 그리워한다. 하지만 난 일하는 사람이므로 그 일을 함께하는 사람이 필요했다. 어떤 도움을 청하건 무조건 "네!"라고 답한다. 그건 정말 사랑하지 않으면 안 되는 숭요한 증표 같았다. 마냥 흐뭇한 후배가 아닌 민경은 나의 든든한 친구였다. 돈이 되건 되지 않건 민경은 내가 부르면 왔다. 특별히 해주는 것이 없었는데, 잘해준 기억이 없는데 말이다. 며칠 전 민경은 아무렇지도 않게 어떤 후배에게 "현아 언니가 부르면 무조건 와야지 무슨 소리야."라고 말한 것을 들었다. 묻지도 따지지도 않고 간다, 는 사실을 민경은 다른 후배들에게도 시전하고 있었다.

 민경의 덕질을 나는 알지 못한다. 어떤 게임에 대해 신나게 이야기하는 민경을 보면서 낯선 풍경이 그려지기도 한다. 만화책이라면 만만찮게 읽은 나도 민경이 이야기하는 만화는 새롭다. 간단한 스토리라인을 가진 게임과 만화를 깊이 이야기한다. 잠을 자지 않고 내내 게임을 하거나 만화책을 본다. 그 안에서 민경은 슬픔을 찾아내 환하게 글로 이야기한다. 그것이 정녕 슬픔의 형상이 아니더라도 짜깁기한 웃음이라도 민경의 떨림은 결코 기쁨이 아닐 것이다.
 생각해 보니 민경과 단둘이 이야기 나눈 적이 드물다. 우린 친한 것인가. 친한 척하는 것인가. 나는 민경이 '언니'라고 부르면 어떤 동맹의 신호탄처럼 들린다. 민경은 직설적이며 저돌적이고 단호하다. 그러나 '언니'들에겐 사랑스럽고 요상하고 아름답다. 그의 시가 짐짓 모르는 척 툴툴거리는 '꿈'에 대해 이야기하는 방식도 비슷하지 않을까.

 어떤 어린 시절을 그려볼 수 있을까. 그림 그리는 민경을 상상해 본다. 시 쓰는 권민경이 아닌 그림 그리는 권민경은 어땠을까. 아무렇지도 않게 미술을 전공했다고 말했을 때, 시인이 되어 얼마나 다행이었는지, 미술로 지리멸렬한 삶을 살고 있었을지 모르는 민경이 사실은 우리에게 핫하고 힙한 말들을 가져다주어 얼마나 신나는지 알고 있을까. 유행을 유행처럼 덧입고 사는 민경의 말들을 얼마나 사랑하는지 그리고 그 이전에 '언니'라는 단어를 사랑스럽게도 앙칼지게도 쓰고 있는 민경의 다른 언어에 대해 얼마나 궁금해하는지도 알았으면 좋겠다. 이것만은 알아두자. 민경은 언니들에게도 단호할 땐 단칼이며, 헐! 일 때도 있다는 사실을.

민경은 내가 어떤 일을 하고 있으면 "왜 나를 부르지 않았냐?"고 묻는다. 그것은 돈도 되지 않고 명예 따위도 없는 그런 일들(가령 <친구들: 숨어있는 슬픔> 공동체 상영, 작가회의 50주년 기념행사, 304 낭독회 같은 것)이다. 미안해서 도저히 부를 수가 없어, 혼자 하는 것이 익숙해서 그런 것인데 민경은 당당하게 되묻는다. 울면서 시를 읽는 민경이, 끝내 시를 다 읽지 못하고 슬픔을 드러내는 민경이, 결국은 시로 말하는 민경이 내가 어쩌다 상을 받게 되었을 때 그 창피함을 무릅쓰고 내 머리에 왕관을 씌워준 민경의 어떤 마음은 가늠할 수 없는 영원처럼 찬란하다.

민경의 세 번째 시집이 나왔던 날, 민경을 만나러 파주에 갔다. 그러고 싶었다. 민경은 편집자와 알콩달콩 이야기하며 시집에 서명하고 있었다. 민경이 책을 보내고자 하는 사람 중에는 작가가 아닌 이들이 꽤 있었다. 어떤 인연으로 엮였든 소중한 마음을 그는 시집으로 표현하고 싶었던 것이었으리라. 민경은 시에 점점 더 유행에 가까운 언어를 쓴다. 어떤 문장은 도대체 해석할 수 없지만 노래가 가능한 시도 있다. 나는 민경과 친하지만, 민경의 시를 다 모른다. 첫 시집과 두 번째 시집에 비해 세 번째 시집에서 훨씬 가볍고 넓다는 것, 노래가 될 수도 있다는 것, '언니'를 더 많이 호명하는 것이 이전보다 명랑해졌다는 것이다. 함께 엮는 이번 시집에선 거기에 더해 발랄하고 거침없고 언니들에게 다정하다.

지난해 6월 민경의 시집 『온갖 열망이 온갖 실수가』 낭독회 사회를 봤다. 낭독회 사진 속 나는 민경을 바라보며 행복하게 웃고 있다. 들뜬 목소리로 자신의 시를 신나게 읽는 민경을 바라보는 나의 표정에 시는 마땅히 그럴 수 있다는 시인의 마음을 읽을 수 있다. 아마도 그것은 슬픔의 다른 이야기일 수도 있겠다. 낭독회에서 민경은 자신의 신작시를 나와 함께 읽기를 청했다. 그리고

스치듯 우연히 만난 이름은 오래오래

  이 문장을 읽으며 우리는 눈을 맞췄다. 민경과 나는 이제 '우정 시집'을 함께 엮었다. 나는 어쩌면 민경의 보살핌 속에 시 쓰기를 하는 것은 아닐까 생각한다. 나의 게으름을 끝까지 지켜주는 민경은 어떤 사람에게는 단호하게 맞선다. 그런 마음들이 모여 민경의 시 속에 환상으로, 비웃음으로, 노래하는 명랑함으로 계속해서 삶으로 이어가는 쓰기를 밀고 나갈 것이다. 찌질하고 지리멸렬한 나와는 다르게 맞설 줄 아는 민경의 나아감을 존경한다. 여전히 나는 슬픔이 결국 시를 쓰게 하는 힘이라고 믿고, 민경은 동의한 듯 동의하지 않을지도 모른다. 그러나 금세 그건 언니의 맘, 이라고 할 것이다.

  난 '오래오래 복수할 날'을 꿈꾸지만, 민경이 '오래오래 행복'했으면 좋겠다.

  그거 민경이 알라나. 민경아, 나 민경덕후야.

에세이

우리들의 블루스

- 권민경

엊그제 이상한 꿈을 꿨다. 꿈에서 나는 옛날에 KBS에서 방영했던 삼국지 만화 주제곡을 불렀다. 그런데 가사가 좀 달랐다.

원 가사는 '영웅호걸들이 모여 펼치는'인데 꿈속에서 나는 그걸 '영웅쇼걸들이 모여 펼치는'으로 바꾼 것.

'쇼걸'이란 단어에는 다소 부정적인 의미가 담겨 있지만, 꿈속에서 내가 부른 노래의 쇼걸은 선정적인 분위기가 아니었다. 무대 위에서 춤을 추는 대신, '난리부르스' 추며 '쑈'를 하고 있다, 란 느낌이었다.

세상엔 영웅적인 동시에 마구잡이인 쇼걸이 한두 명쯤 있을 것이다.

　내 친구도 쇼를 하며 산다.

　유현아는 바쁘다. 정신이 없다. '정신이 없다'는 말도 부정적으로 들릴 수 있지만, 꼭 그런 것만은 아니다.

　몸은 하나뿐, 그를 필요로 하는 곳, 그가 챙기고 싶은 곳은 여러 군데. 그렇게 마음이 여러 조각으로 나뉘어 있다 보니 분주할 수밖에 없다. 게다가 바쁘다는 이유로 누군가의 도움 요청을 거절하지 않는 걸 보면, 꽤 작가 정신이 있다. '작가 정신'이 무엇인지, 2024년 3월 이 시점에서 정확히 정의할 순 없다. 어쨌든 '지키고 싶은 무언가'를 갖고 있는 사람들이 멸종 위기의 작가라면, 유현아에게도 그런 것이 있지 않을까 싶다.

　뭔가 지키고 싶은 것은 누구에게나 있지만

　그걸 추구하는 방법은 빠르게 변하고, 변화를 따라잡기 위해 늘 우왕좌왕.

　그래서 나는 선배보다 후배가 더 무섭다. 내가 이렇게 옛날식으로 살고 있는데, 다른 이들은 훌쩍 멀리 가 있는 것 같아 좀 두렵다. 최첨단을 달리고 싶어 욕심난다는 뜻은 아니다. 다만 내가 불편하고 시대착오적인 말과 행동을 할까 봐 걱정될 뿐. 유현아도 아마 그런 생각을 하고 있을 것 같다.

우리는 늘 조심스럽지만, 그렇다고 조신한 말투를 쓰는 것도 아니다.

대체 뭘까?

*

유현아와 나는 그간 이런저런 일을 함께했다. 그런 경험들이 고맙다. 솔직히 나는 같이 놀기에 그다지 좋은 사람은 아니다. 언젠가 다른 지면에서 말한 적 있는데, MBTI로 따지면, F와 T의 비율이 거의 비등비등하다. F는 감성, T는 이성이라는데, 동료 작가들이 신나서 놀면 내가 좀 찬물을 끼얹는달까. 현실적인 조언도 하루이틀이다. 그래도 악의로 말한 적은 없는데, 잔소리처럼 느껴질 수는 있겠다.

유현아는 그런 내 특성도 잘 이해하는 편이다. 참 다행이랄까. 참아주고 있을 수도 있지만.

솔직히 내가 뭘 아나. 난 뭣도 아니고 뭣도 모른다.

좁은 소견, 작은 마음으로 조언이랍시고 하려니 문제가 발생한다. 반성과 반성을 징검다리 삼아 날짜를 보낸다. 그러다 보면 달이 지나고 해가 지난다. 어떻게 이런 일이?

삶은 죄책감과의 싸움이다. 마음이 편해지기 위해 죄책감을 버리자.

죄책감 대신에 우리가 가져야 할 것은?

자신감? 효능감? 자신이 쓸모 있다는 자존감?

어쨌든 유현아는 타인의 쓸모를 찾아주며 자꾸 손을 내밀어 함께 뭔가 하자 한다. 그가 까다로운 사람인 것은 사실이지만, 다른 사람의 까다로움도 '그럴 수도 있지' 하고 이해하는 편이다. 그러니 나보다 훨씬 친구가 많은 것이겠지.

언니가 하고 싶은 것을 하고, 먹고 싶은 걸 먹으며 즐겁게 살았으면 좋겠다. 우리는 아무리 돈이 많아져도 집에서 놀고만 있을 성미는 아니니, 돈이 생기면 당신이 하고 싶은 사업을 하고 사시길. (유현아는 예전에 구운 김 장사를 하고 싶다고 말한 적이 있다.)

언젠가 팟캐스트에서 말한 적 있는데, 내가 돈 많아져서 사업체의 대표가 된다면, 가장 먼저 스카우트 하고 싶은 사람은 유현아다.

유능한 사람이고 내 이상함 정도는 이해해 줄 거 같으니까.

언니들은 힘이며 언니가 진리.

영웅쇼걸인 유현아여. 답답해도 조금 참읍시다. 언젠가 맛대로 멋대로 성질머리대로 세상을 경영하는 날이 오겠지요.

과연?

호연지기란 얼마나 힘들고 어려운 것인가! 두려운 것인가!
호걸이 되지 못한 사람이 여기 있다.
호연지기가 쬐금 부족한 우리야말로 지기=친구이다.

추천사

현아와 민경의 시간은 거꾸로 간다

- 김상혁

    우리는 시간보다 공간 중심의 사유에 익숙하다. 역사와 계보를 중시하던, 인류의 진보를 믿던 이전 세대로부터 나 역시 벗어나 있다고 느낀다. '역사주의'처럼 진지한 단어 앞에서도 옛날 기록들이 깔끔하게 아카이빙된 콘크리트 건물부터 떠오르는 것이다. 그런데 분명히 요즘 사람인 현아와 민경의 우정 시집엔 시간에 관한 얘기가 많다. 그렇다고 그들이 시간의 역량을 신뢰하는 근대인은 아닐 터, 시간을 물질처럼 다루는 동시대인의 능숙함도 드러나질 않으니 대체 둘은 어찌 살아가는 걸까.

    먼저 현아. 그가 보여주는 건 공간에 아카이빙된 '쿨한' 시간이 아니다. '기다림'이라는, 오히려 시간의 흐름을 촘촘히 의식할 때 겪는 저 상황이야말로 그의 관심거리다. 그러므로 "시간이 지나면 저절로 사라져. 너무 슬퍼하지 마라."처럼 멋없게 어른스러운 조언 앞에서도 현아는 크게 동요하는 법이 없다. "친구의 슬픔이 느리게 올라오"는 모습에서 시선을 떼지 않는 가운데, 자기 자신 혹은 친구들이 "바닥이라도 삶의 한쪽 편으로 나아가고 있다는 것을" 확신하기 때문이다.

과거에 연연하지도 미래를 기획하지도 않는다는 점에서 민경 역시 시대와 어긋나 있다. 시간이 아카이빙되는, 정연하고 합리적인 규칙이 관철되는 '현대'가 민경에겐 오히려 '마술적'으로 보일 뿐이다. 성실한 현대 정신과 "오늘의 삶이 덤"이라 생각하는 민경 사이 불화는 어쩌면 필연이다. 세계는 민경을 "뒤집히고 싶은 마음이 없었는데" 자꾸만 거꾸로 매달아두거나 아니면 뒤집혀 존재하는 사람 취급한다. 그럼에도 그가 세계를 피해 은둔해 버린 건 아니다. "사소한 호의를 징검다리 삼아 여기까지" 잘 살아온 민경이다.

서로 다른 두 사람의 생활과 생각이 우정 시집 한 권으로 묶인 건 왜일까 생각해 본다. 앞서 나는 현아와 민경이 시간에 관해 많은 이야기를 했다고 적었다. 사실 이건 반쪽짜리 판단이다. 우리 집 아기는 시간이 제 눈앞의 시계와 달력 안에 있다고 믿는다. 나는 거울에 비친 얼굴의 주름 탓에 시간을 신경 쓴다.

아내는 자기가 다 읽은 소설책을 책상에 쌓아두며 시간이 흘렀음을 안다. 그런데 시집에 나타나는바, 현아와 민경은 자신들을 통과해 흘러가는 시간에 관해선 극히 무관심하다. 언뜻 보면 시간아 흘러라 하며 살고 있는 것이다.

세상 무심한 노인처럼 앉은 두 사람을 문득 일으켜 세우는, 기어이 외출하게 만들고 마중 나가게 하는 순간들은 이렇다. 어느 친구가 슬픔을 통과하는 시간. 어떤 친구에게 문 두드릴 옆집이, 찾아갈 집 앞이 필요한 시간. 불의에 맞서 친구들과 함께 걷고 외쳐야 하는 시간……. 그래서 그들의 시간은 얌전히 전시되는 법이 없다. 두 사람의 시간은 남에게 손을 내밀고 문을 열어주는, 타인과 함께 달리는, 친구의 기쁨을 축하하거나 친구와 한목소리를 내는 에너지의 다른 이름이다. 시간을 신뢰하는 근대인과 시간을 통제하려는 동시대인의 상상력 너머에 존재하는, 타자를 경유함으로써 비로소 흐르기 시작하는 현아와 민경의 시간을 윤리적 시간이라 불러도 좋을 것이다.

김상혁
시인. 2009년 『세계의문학』 신인상으로 작품 활동을 시작했나. 시집 『이 집에서 슬픔은 안 된다』 『다만 이야기가 남았네』 『슬픔 비슷한 것은 눈물이 되지 않는 시간』 『우리 둘에게 큰일은 일어나지 않는다』 산문집 『한 줄도 좋다, 만화책』 『선물 하나가 놓이기까지』 『파주가 아니었다면 하지 못했을 말들』 등이 있다.

작가 소개

유현아

 시집 『아무나 회사원, 그밖에 여러분』 『슬픔은 겨우 손톱만큼의 조각』 청소년시집 『주눅이 사라지는 방법』 미술에세이 『여기에 있었지』가 있다. 서울시에서 고양이와 함께 산다.

권민경

시집 『베개는 얼마나 많은 꿈을 견뎌냈나요』 『꿈을 꾸지 않기로 했고 그렇게 되었다』 『온갖 열망이 온갖 실수가』 청소년시집 『고양이가 사료를 아드득 까드득』 산문집 『등고선 없는 지도를 쥐고』 『울고 나서 다시 만나』가 있다. 고양시에서 고양이와 함께 산다.

우리는 서로를 펼치고
우정 시집
유현아, 권민경

글쓴이	유현아, 권민경
발행인	이상영
편집장	서상민
디자인	서상민
마케팅	최승은
교정·교열	신희정
인쇄	피앤엠123
펴낸곳	디자인이음
	2009년 2월 4일 제300-2009-10호
	서울시 종로구 효자동 62
	02-723-2556
	designeum@naver.com
	instagram.com/design_eum
발행일	2025년 6월 20일 1판 1쇄 발행
값	11,000원